私の出会った文鮮明先生

忘れられない真の愛

光言社

はじめに

２００４年5月1日、統一教会は創立50周年を迎えました。韓国・ソウルの北鶴洞《プッカクトン》の小さな家に「世界基督教統一神霊協会」の看板が掲げられてから、半世紀がたったのです。その間、激しい迫害に遭いながらも、統一教会はめざましい発展を遂げてきました。今や、世界１９１か国に宣教部を置き、世界中で真の愛による平和運動を展開しています。

その背景に、創設者の文鮮明《ムンソンミョン》先生の限りない愛と精誠があることは言うまでもありません。文先生は数え年16歳のときにイエス様から特別な使命を託されてから、ただひたすら神様のみ旨を果たして神様を解放してさしあげ、罪にうめき苦しむ人類を解放するために、その生涯を捧げてこられたのです。今、世界の多くの著名人たちが文先生を「人類の真《まこと》の父母」、「救世主」、「メシヤ」と証《あか》ししています。

本来、人類始祖アダムとエバが堕落せずに完成したならば、彼らは人類の真の父母となり、人類はそのもとで兄弟姉妹となるはずでした。しかし、アダムとエバの堕落によって、人類は闘争を繰り返すようになってしまいました。子供同士が憎み合い、殺し合う姿を見ざるを得なかった神様は、どれほど悲惨な心情を味わわれたことでしょうか。文先生は、人類の罪と過ちの歴史を蕩減復帰し(償い)、1960年、ご聖婚されることによって、人類の真の父母の立場に立たれました。それ以来、教会員たちは文先生を「お父様」、文先生ご夫妻を「真の父母様」とお呼びして慕ってきたのでした。

文先生は今、公的な立場で世界を駆けめぐっておられます。しかし草創期には、教会も小さく、ごくわずかな教会員しかいませんでした。文先生は、教会員の一人ひとりをこよなく愛してくださいました。小さな悩みにこたえてくださったり、夫婦のこと、子供のことなどにも配慮してくださいました。時には、厳しく叱咤激励されることもありますが、教会員たちは、その背後に親としての深い愛を感じ、心から感謝するのでした。そして、子供である人類を失った神様の悲痛な心情を思って慟哭され、涙ながらの祈りを捧げられる文先生の姿に接し、神様のみ旨成就のために少しでもお役に立ちたいと立ち上がったのです。

「中和新聞」に1996年から連載されている「私の出会った文鮮明先生」には、文先生との感動的な出会いを証しした貴重な体験がつづられています。妻の体をいたわってくださる一言に感激の涙を流した人、ご自分の子女以上に愛してくださる、その真の愛に感謝に堪えなかった人など、どの人も忘れることのできない感動の出会いをしています。

「文先生の愛と深い心情の世界を、この連載で知ることができた」、「貴重な体験を共有できたようでうれしい」「本にして出版してほしい」など、読者から多くの便りが編集部に寄せられました。そこで、文先生の貴い真の愛を、一人でも多くの方と分かち合いたいと願い、本にまとめることにしました。既に160回を超える連載のすべてを掲載することは到底できず、数を限定せざるを得ませんでした。文先生のお人柄のさまざまな面を紹介したいと思い、できるだけ内容の異なる証しを集めるようにしました。
今回、残念ながら収めることのできなかった方々の証しについては、別の機会にまとめることができたらと願っています。

２００４年６月15日「中和新聞」編集部

目次――私の出会った文鮮明先生

「世界中みんなで祈ったんだよ」

笹本知恵子

初めての出会い

私と真のお父様（文鮮明先生）との最初の出会いは、タンザニアで亡くなった宣教師の夫の葬儀を終えて間もない1981年1月2日のことです。

ニューヨーカーホテルで、真の父母様が36家庭の先生方と食事をされていました。ご父母様に敬礼をお捧げしましたが、その敬礼が終わらないうちに、お父様が「あんたか…」と言われました。まるでずっと以前から私をご存じだったかのようなその一言は、私の心に響きました。当時、夫が亡くなり、眠ることも、食べることもできない日が続いていました。そして初めて真の父母様にお会いする、そのことで緊張し切っていた私の心が、いっぺんに溶かされたのです。

そして、「あんたがアフリカに行くことはいいことだから、早く行きなさい。頑張るんだよ」と言って、財布を取り出し、そこに入っているお金を全部下さったのです。

それを頂いて、その場から去ろうとしたとき、私の口から「お父様！」と声が出たのです。その声で、お父様がお顔を上げられました。

「タンザニアの地をありがとうございました。生きてみ旨を果たせなかったことを申し訳なく思います。これからは妻を通して頑張ります」

私が言ったのですが、内容は主人のものでした。

霧が晴れるように

次にお会いしたのは、それから4年ほど後のことです。私が本当に悩んでいる様子を見て、当時の責任者が韓国へ行くよう計らってくださったのです。

韓国に到着した私は、知人の僑胞の婦人を訪ねました。そこでは20人ぐらい

家庭を出発したときの笹本正樹・知恵子さん夫妻（1980年）

私の口から「お父様！」と叫ぶ声が出たのです。
「タンザニアの地をありがとうございました。
生きてみ旨を果たせず申し訳なく思います。
これからは妻を通して頑張ります」
亡くなった主人の声でした。

の人がみ言を編集する仕事をしていました。

翌日、突然、真の父母様がおいでになりました。韓国語でみ言を語られたので、どんな内容を話しておられるか分かりませんでしたが、私はその間中、なぜか泣けて泣けて仕方がありませんでした。

お父様は最後に、そこにいた一人ひとりに本をプレゼントしてくださり、ニックネームとサインを書いてくださったのです。私には「ケニアの娘」と書いてくださいました。

本当に突然の出会いだったのですが、実は「韓国でお会いできるのでは」という予感がありました。韓国に滞在する予定は、ほんの数日でした。しかし韓国に向かう飛行機の中にいるとき、まるで恋人を慕うような情が心にあふれたのです。そのときふと、ある先輩の証しを思い出しました。

それはお父様を慕いながら掃除をしていたら、そこに突然、お父様が来られたというのです。そしてお父様に「なぜお越しになられたのですか」とお聞きすると、「私は恋しい思いに現れるのだよ」とおっしゃったというのです。

お父様にお会いして、最初から最後まで泣き通しでした。それはまるで亡くなった夫が泣いているかのようでした。そのとき涙とともに、私の悩みは、霧が晴れるように消え去ったのです。

「泣くんじゃないよ」

真のお父様との3回目の出会いは1992年10月21日、米国アラスカのコディアクででした。そこで10日間ほど宣教師の修練会が行われました。修練会の後、宣教師たちはロシアに向かうことになっていたのです。

世界中の宣教師たちがそこに集まっていました。お母様は米国で巡回講演をされており、お父様はお一人でいらっしゃいました。

そこで私たちはお父様からたくさんのみ言を頂き、お父様とともに電話やビデオでお母様の講演会に参加し、お父様とお母様を電話で結んだ祝勝和動会にも参加しました。さらにお父様とともに釣りに行き、ご一緒にお食事をし、歌を歌いと、本当にお父様の間近で過ごさせていただきました。

そんなある日、韓国の先生が証しをされ、宣教師の中に亡くなった者がおり、その妻がここに来ていると言われました。

お父様が「どこだ」と声をかけられたので、私は「はい」と手を挙げました。

また別の日、お父様がみ言を語られている最中、ふと私をご覧になりました。そして突然、こう言われたのです。

「あんたのだんなさん、亡くなったときに、世界中で、みんなで祈ったんだよ」

そう話され、またみ言の続きを語り始められたのです。

真のお父様はなぜ、そんなにも夫のことをいたわってくださるのでしょうか。不思議に思い、考えたのです。

「彼は死ぬときに本当に清かったのではないだろうか…。恨みがなかった、喜んで死んだのだ」。そう思うと、夫に、心から感謝したのです。

食事のときにも真のお父様がご一緒してくださいました。前から順番に座っていくのですが、たまたま、お父様の真ん前に座ったことがありました。

〈何かお話しなくては〉――そう思うのですが、緊張しているせいか、言葉

殉教した笹本正樹宣教師の墓（タンザニア）

「あんたのだんなさん、亡くなったときに、
世界中で、
みんなで祈ったんだよ」

が出てこないのです。

すると、お父様が声をかけてくださいました。

「あんた、子供は?」

「男の子と女の子を養子に頂きました」

私がお答えすると、お父様はまた黙ってしまわれました。

修練会の最後に、お父様はまた私に声をかけてくださいました。

「あんたの息子、リトルエンジェルスに入れなさい。あんたの娘も入れたらいいね」と。そして、「だから、泣くんじゃないよ」と言われたのです。

「私は泣いていません」。そう申し上げました。しかし心の中では、泣いていたのです。お父様は私の心の中を、本当によくご存じだと思いました。

ご父母様の前で証しする

4度目に、真のお父様とお会いしたのは、1994年に韓国で行われた教会創立40周年の記念行事のあと、アフリカの宣教地に帰ったときのことでした。

そのころ、ご父母様の世界巡回が始まり、60年代の世界巡回以来、久々にアフリカの各国も訪問されることになったのでした。

あるアフリカの宣教国に真の父母様が訪問されたとき、韓国の祝福二世の宣教師の方と一緒に、ご父母様のお食事のお世話をさせていただきました。

ご父母様はご到着の翌日、大統領と会い、国会でスピーチをされた後、夕方からはホテルでバンケットを行われる予定でした。ところが、小さな手違いから、スケジュールが狂い、大統領と会うことができなくなってしまったのです。

その日は本当に寂しい日となりました。バンケットは開かれず、ご父母様と郭錠煥《クァクチョンファン》先生、ピーター・キム先生のたった4人で食事のテーブルに着かれました。

私は郭先生からご父母様のお食事の場で紹介されました。その日、郭先生とお会いしたときに「ときどき霊界からいろいろな声が聞こえます」と報告したことから、ご父母様の前で証しをさせていただくことになったのです。

そのころ、私はとても霊的に敏感になっていました。少しお祈りをすると、私の中に霊が入り、異言を吐くようなことがしばしば起こっていました。

アフリカで祝福の準備を進めていたとき、ある2人の教会員の関係が難しくなっていました。その2人を牧会しに行ったとき、私は霊的になり、「神様が喜んでいます。祝福の行事のときに、2人で踊りなさい」という言葉が口から出たのです。すると2人は本当に祝福の行事のときに踊ったのです。

また、あるときは、お祈りの中で「お父様はアフリカのことを何も知らないと思っているだろう。お父様はみんな知っておられる。どれほど多くの涙を流されたか、おまえたちは知らないだろう」という啓示を受けました。

そのようなことを証しして最後に、韓国での教会創立40周年記念行事の後から、霊界から夫が来て夫婦生活をするようになったことを申し上げました。すると、その証しの何がそんなにおもしろかったのか、お母様が声を立ててお笑いになり、とても喜ばれたのです。そしてお母様の時計を私に下さることになりました。

その時計を取りに、お母様と先生方が部屋に戻られている間、その場には私

パラグアイ・フエルテオリンポの修練会で。
お父様の右が筆者

「あんたの息子、リトルエンジェルスに入れなさい。娘も入れたらいいね」と。
そして、「だから泣くんじゃないよ」と言われたのです。

とお父様の2人だけになりました。

「お父様、ありがとうございました」とお礼を申し上げると、お父様は「うん、うん」とうなずかれました。お父様は横を向いたまま、遠くの方をずっと見つめておられました。

なぜ、お母様があれほどお喜びになったのでしょうか。あとで考えてみると、その日はとても悲しい日だったので、私のたわいもない話でも、それを喜ばれ、お父様をお慰めになったのではないかと思いました。

翌朝、ホテルの傍らを流れる大きな川に見事な虹の橋が架かりました。真のお父様は、感慨深く、しばらくそれをご覧になり、次の訪問国へと出発されたのです。


（ささもと・ちえこ）

悩みを恵みに変えてくださる

大越生長

私が初めて真のお父様（文鮮明先生）にお会いしたのは、1971年1月29日、韓国・中央修練院でのことです。日本から訪韓した百数十人を前にして、お父様は、「人間にとって一番大切なのはみ言、人格、心情である」という内容のみ言を語ってくださり、最後に「皆、何か質問はあるか？」と言われました。

小学校後半から当時まで、私が一番悩んできたことは、言葉の問題でした。私はどもりで、人との会話や本の朗読など、人前で話すことが一番の苦痛で、劣等感のかたまりでした。私のどもりは連発型というより、最初の第一音がグッと詰まって出ない難発型で、苦痛はより大きいものでした。入教してからも一番の苦手は、朝拝当番での聖書拝読やスピーチ、食事時の兄弟姉妹との会話だったのです。

そういう私の前で、今お父様が、「何か質問は？」と聞いてくださっている。私は、一番悩んでいるこの問題を質問してみたいが、手を挙げて言葉が出なかったらどうしよう、しかしこのチャンスを逃したら、二度とお父様に直接質問する機会はないだろうと思い、思い切って手を挙げました。

「言葉に障害のある者は、どういう蕩減生活をしたらよいでしょうか」と質問をした瞬間、お父様から答えを頂く○・何秒かの間に、私の両眼からは涙がドーッと堰を切ってこぼれ落ちました。そしてどもりゆえの今までの心のゆがみやねじれが、クルックルッと元返しされる感触を覚えたのです。

お父様のお答えは、「言葉は条件機関だよ。善心をもって語るか、悪心をもって語るかが問題なんだよ。そう多くを語る必要はないんだよ。宗教生活においては言葉を制限せよ。原理だけを語ればいいんだよ。人間は話をするとき、相手のために話すか、相手を害するために話すか、自分で分かるようになっているんだよ。んー、分かるだろう？」と、私にグーッと顔を近づけて語ってくだ

さいました。

その日の夜、私は修練院のベッドの上で、うれしくてうれしくて眠れませんでした。それまでの、話をするときの自分を振り返ってみると、恥をかかないようにしよう、自分が人から悪く思われたくない、自分が良く思われたい。自分が、自分がと、自己中心的思いにとらわれていたのです。そのために心のエネルギーが内側に流れてしまい、外に向かって話そうという思いとぶつかって、言葉が出てこなかったんだ。それが悪心をもって語る結果だと悟りました。

反対に善心をもって語るということは、どうしたら相手を喜ばせることができるだろうか、どうしたら相手のためになるだろうかと、相手を愛する心情で語るということであり、そうすると言葉がスーッと出てくるということを悟ったのです。

このときのお父様との出会いが私の人生を大きく変えたのです。それまでの私は、話をしないで、人のためにも生きず、人を喜ばすこともできず、神様を悲しませてきた人生でしたが、その蕩減復帰のために、逆に、話をせざるを得ない責任分担を与えられたのです。

教会長になって十数年がたちました。言葉で悩んできた人間が、お父様によって今は言葉で一番恵みを実感する日々を過ごしています。感謝。

（おおこし・いくなが）

「ばあさん、年はいくつなの？」

条谷はる

１９７５年6月7日、韓国のヨイド広場で１２０万人を集めた救国世界大会があり、翌８日に62組の既成祝福式がありました。

私たち夫婦を見られた真のお父様（文鮮明先生）は、私の夫に「あんたの奥さんは、夫よりも息子よりも、神様と先生を愛したんだよ」と、言われました。当時、既婚者が祝福を受けるには、とても厳しい条件が必要でした。その内容は、世俗の夫婦関係を完全に分別した厳しい信仰生活でした。信仰基台を立てるための条件が必要だったのです。私は夫を説得し、外面的には一度離婚したのです。

原理の内容をあまり知らない夫の理解を得るのは並大抵のことではありませんでした。常識では理解できないことですから、いくら優しい夫とはいえ、その気持ちは複雑であったに違いありません。おそらく、夫の気持ちを見抜かれたお父様は、祝福式のときにそういうお言葉をかけてくださったのだと思います。

子供に対してもそうでした。統一教会に入る前に信仰していた宗教の教えに、「救いは布施から」という内容がありましたので、それを忠実に実践していたのです。子供にお小遣いをあげることよりもお布施をすることを優先していたので、周囲から理解されずにいました。親戚からも「こんな悪い嫁はいない」と、言われるほどでした。

お父様は、そんな私の気持ちをご存じでした。たった一言で、心のわだかまりを一瞬にして解いてくださったのです。

もう一つの出会いは、1993年のことです。アラスカでお父様にお会いした私は、みんなが集まっている前で「ばあさん、美人だね」と続けて3回言われました。そして、「先生がもう少し若ければプロポーズするんだけど」と、言われたのです。周囲の人たちはただ爆笑していましたが、私みたいな年寄りにどうしてそんなことを言われるのかよく理解できず、数年間心の隅に残っていました。

そうして97年にある人から言われ、その理由を悟ったことがありました。思い当たることは、ある人のために命がけの祈祷条件を捧げたことでした。その祈りは、私の命と引き替えにしてでも、病気で死にかけているその人を救ってほしいというものでした。その祈りは届き、祈った相手の人は一命を取り留めたのです。そして、翌年、私が大腸がんになり、余命いくばくもないと言われるようになったことがあったのです。

おそらく私が言わなくとも、お父様はそのような経緯を知っておられたのだと思います。以来、お会いするたびに、一言お声をかけてくださるのです。

98年10月にブラジルのジャルジンでお会いしたときは、「ばあさん、年はいくつなの？」と尋ねられました。「83歳になりました」とお答えすると、「先生のお姉さんだね」と言われました。そして、「若いときは美人だっただろうね」と語られ、「あんたの夫の実家は何という名前なの？」と聞かれたので、「条谷

1999年３月10日、韓国・中央修練院で（前の方でイヤホンを耳にしている老婦人が筆者）

「ばあさん、年はいくつなの？」と尋ねられ、
「83歳になりました」とお答えすると、
「先生のお姉さんだね。
若いときは、美人だっただろうね」

です」とお答えすると、「上条谷だったらいいのに」と、言われたのです。

後に分かったことですが、昔、夫の実家の姓は「条谷」ではなく、「上条谷」だったのです。大変驚き、本当に真のお父様は本人がよく知らない先祖のことまでもお見通しであることを知りました。

また、99年済州島の修練会に行ったときも、「ばあさん、年はいくつなの？」と、同じことを聞かれました。「84歳になりました」とお答えすると、「ここに84歳以上の者、だれかいる？　いたら手を挙げなさい」と言われました。だれも該当者がいなかったので、「みんな拍手しなさい」と言われ、皆さんから拍手をもらった経験があります。

さらに、お父様の声がよく聞こえないので、「耳が遠くてよく聞き取れません。どうか、み言を霊人体に刻み込んでください」とお祈りすると、「ばあさん、先生の話を聞いているの？」と言ってこられたのです。そして、「死んで霊界に行ったら、いい家を建ててあげるよ」と語られたのです。

お会いするたびに慈悲深くお声をかけてくださるお父様に感謝するとともに、

心情的距離が縮まっていくような気がしました。

（じょうや・はる）

「完全な愛で愛し合っているの？」

野村 晏子

忘れることのできない真の父母様（文鮮明先生ご夫妻）との初めての出会いは1967年、2回目のご来日の折でした。結婚直後の1965年の秋、夫・野村健二がみ言に出会い、希望にあふれて教会に通うようになったあと、私も紆《う》余《よ》曲折を経て、その翌年、第35期特別修練会に参加し、この道を行くことを決意していました。

渋谷区南平台での真の父母様をお迎えしての婦人部の集まりで、み言を語られた後に、先輩の方々を一人ずつ立たせて話される中、「野村の家内はどこか？」と捜されて、「苦労するんだね」と優しく言葉をかけてくださいました。その一言で、1歳半の長男を背負って夏の40日開拓伝道に行く決意をすることができました。

神様の存在すら知らなかった私がその路程で、あふれんばかりに注がれる神様の愛と、今日までわが子を思って流し続けた神様の涙を知ることができました。私の歩みの原点になっている一言なのです。

１９６９年5月に祝福の恵みを受け、１９７１年1月には夫とともに本郷の地、韓国を訪ねる機会を与えられました。中央修練院での修練会のあと、凍りついた清平の湖の上をお父様とともに7、8人で一緒に歩きました。そして、湖畔の小さな民家の暖かいオンドルの一室で膝をつき合わせて間近に私たちの家庭に対するみ言を頂き、真の親の愛に浸るひとときを与えられました。帰国後、夫、長男とともに新たな出発をし、長女を授かりました。

それから15年、１９８６年に次男の韓国留学の折に、父兄共々に公館で真の父母様にお目にかかる機会が与えられました。私はこの間にどれだけお父様の願いのごとくに歩み、愛の人になり得ただろうかという思いと感謝とで、涙でぐしゃぐしゃになった顔を上げることもできずにいると、「野村は元気か？

愛の完成は98パーセントではいけない。百パーセントの基準で共に愛し合い、神様の愛と一つにならなければならない」と、諄々《じゅんじゅん》とみ言を語ってくださいました。

当時の私は6人の子女の養育に忙しく追われ、愛の原点である夫婦のあり方を見失っていたのです。またアラスカの地でも、再び「野村は元気にしているの？　百パーセントの完全な愛で愛しているの？」と尋ねられました。

神様が長い歴史をかけて求めてこられた愛の勝利者として、神様のすべての愛を携えて先頭に立たれる真の父母様とともに歩めることを貴重に思い、「苦労するんだね」というみ言を受けたときの感謝と喜びを土台に、いつも希望にあふれて歩んでいきたいと思います。

（のむら・やすこ）

三橋さんご夫妻に注がれた満面の笑み

井口康雄

私の真のお父様（文鮮明先生）との出会いは、1941年から3年間、お父様が日本に留学されたときの下宿の大家さん、三橋孝蔵さんご夫妻と接したことが出発点となっています。

お父様が三橋さんと再会されたのは65年1月29日、日本統一教会創立後、初めて来日された翌日のことでした。お父様は長時間かけて三橋さんの家を捜され、劇的な再会を果たされたのでした。

お父様の日本留学時代については、私も同じ早稲田出身であることから入教以来、ずっと関心を持って研究してきました。その中で、三橋さんご夫妻からも懇意にしていただきました。そして三橋さんご夫妻が、「大先生（文先生）にもう一度お会いしたい」と希望されていたことから、何とかそれを実現したいと思いました。

74年12月25日に来日された真の父母様は同29日、羽田から日本を発《た》たれました。このとき、出国される真の父母様を追い、私は三橋さんとともに空港に駆けつけ、まさに飛行機にお乗りになる直前のご一行を見つけたのです。

私は建物から窓越しに叫びました。

「大先生ー、三橋さんが来られています!」

もう難しい、振り返られなかったらどうしようと思いつつ、渾身の力を込めてお呼びしました。

すると、お父様がこちらを振り向かれました。

「おおー、三橋さんじゃないの。三橋さーん」

お父様の満面の笑みに驚きました。輝くばかりの笑顔に、私も強い感動を受けたのです。日本を「初愛の国」と言われるお父様が、そのきっかけとなった三橋さんを、どれほど愛しておられるかを肌で感じさせられた瞬間でした。

1978年９月25日、成田空港で三橋さん夫妻と会われたお父様
（お父様の右が筆者）

「大先生ー、三橋さんが来られています！」

渾身の力を込めてお呼びしました。

すると、お父様がこちらを振り向かれ、

「おおー、三橋さんじゃないの。三橋さーん」。

お父様の満面の笑みに驚きました。

輝くばかりの笑顔に、私も強い感動を受けたのです。

「この方を大切にして、お父様につなげたい」。そう思い、年明けの1月、三橋さんご夫妻を私の郷里の宮崎にお連れしました。

ご夫妻はとても喜ばれている様子でした。そこで、「お父様に感謝状を書いてくださいませんか」とご主人にお願いしたのです。すると「わかりました」と快くおっしゃって、達筆なご主人は2週間後、立派な手紙を書いてくださいました。

その手紙を私の上司にお願いして、韓国に行かれる久保木修己会長（当時）からお父様にお渡しいただくように計らっていただきました。

ところが、急に1800双の祝福が行われることになり、真のお父様が、マッチングのために日本にお越しになることになったのです。

1月20日、韓国からお越しになったお父様はその日、数々の行事に参席され、すべてが終わったのは明け方の4時ごろでした。靴を履かれ、もう出ようとされているお父様に、私はこうお伺いしたのです。

「三橋さんがお手紙を書かれたのですが、お読みになったでしょうか」。

するとお父様は、「読んでないよ」と大きな声でおっしゃったのです。私は叱られたと思いました。すると私を気遣ってくださったのか、「それはソウルまで送ったのかね」と尋ねられたのです。

「郵送すればよかった」——自分の幼さを改めて感じました。私の上司は、まだ手紙を手元に持っていたのでした。お父様にお渡しいただくよう改めてお願いしました。

翌朝8時からマッチングが始まりました。マッチングの場に出た私を、お父様は覚えてくださっていました。

その後、私はお父様が手紙を読んで喜ばれている夢を見ました。そして韓国での約婚式の後、お父様にお伺いすると、お父様はやはりお手紙を読んでくださっていました。

お父様から三橋さんへの手紙

真のお父様と三橋さんの2度目の出会いは1975年2月13日です。ご夫妻を日本武道館で行われた「希望の日フェスティバル」にお招きしたのです。そのときは直接お会いすることはできませんでしたが、三橋さんご夫妻は最前列の席でお父様の講演をお聴きになりました。

その年の6月4日、三橋さんご夫妻に媒酌人になっていただき、早稲田大学の大隈会館で学友とともに合同披露宴を行いました。それ以降も、さまざまな行事にお招きするなどして親しくさせていただきました。また、こうした折には久保木修己会長や小山田秀生会長代理（当時）をお招きし、三橋さんをご紹介しました。

こうしてこの年の秋、ご主人に2回目の手紙を書いていただきました。するとまもなく、お父様からお返事があったのです。

お父様はお手紙で、「菊香る秋には、必ず日本を思い出しては慕う私でありましたのに、丁度、三橋先生のお手紙を受けるに当たり、万感、胸にこみ上げる思いでございます」と学生時代を懐かしまれ、「いつもご親切に、ひとかたならぬ便宜を図ってくださり、長年忘れずにおりました」と感謝されました。

さらに統一教会を「世界万民を神に結束する運動」と紹介し、三橋さんが私たち「統一青年」を愛してくださることを感謝されました。

その3年後、1978年9月20～25日、真の父母様がご来日になり、埼玉県神川村（現・神川町）で、1610双のマッチングと約婚式をされました。このときにも三橋さんが「ぜひとも大先生にお会いしたい」と希望されていました。

私は、三橋さんをお父様に会わせてくださるようにと久保木会長にお願いしました。会長ははじめ、「なかなか難しい」と話されたのですが、熱心に3回目のお願いをしたときに引き受けてくださったのです。

お父様がみ言を語られるために壇上に立たれたとき、久保木会長は壇上から私にほほえみ、こっそりと「ＯＫ」のサインを送ってくださったのです。私は心の中で「やった！」と思いました。

久保木会長によるとお父様は、三橋さんについて「まれに見る優秀な方だ」と語られ、会ってくださるようになったとのことでした。

そのときも飛行機に搭乗される直前でした。今度は成田空港で、お父様はサングラスをかけられ、久保木会長もご一緒されていました。

「よくいらっしゃいました」とお父様は三橋さんを笑顔で歓迎されました。

ご家族の話に及ぶと、三橋さんは一枚の古い家族写真を取り出されました。

お父様はサングラスをかけたまま、その写真をじっとご覧になり、学生時代を深く懐かしんでおられる様子でした。

お父様に「大先生、歴史に残る写真をぜひお願いします」とお願いすると、満面の笑みで「よーし、写真を撮りなさい」と言ってくださいました。

その後も、お父様はお会いするたびに、「おまえか」と親しく私にお声をかけてくださいました。

日本留学中も抗日運動のために官憲に追われたお父様が、それでもなぜ、日本を「初愛の国」として愛してくださるのでしょうか。お父様と日本を、温かく結んでくださった三橋さんのご家庭に感謝せずにはおられません。


（いのくち・やすお）

待ちこがれた再臨主

阿部知行

私は統一教会に導かれる直前の1年間、既成キリスト教会の信者として熱心な信仰生活を送っていました。当時、私が所属していた教団では、「再臨の主は雲に乗ってもうすぐおいでになる」と教えていました。

それで私はいつもいつも雲を見て生活するようになりました。朝起きたらまず雲を見る、洗面しながら、食事をしながら、大学に向かう電車の中で、教室の窓から、というように…。そのうちに、「寝ている間に再臨があったらどうしよう」と心配になり、すぐにイエス様のみもとに行けるようにと、学生服やシャツなどをきちんと着て寝るようにまでなりました。

さらに、だれよりも早く空に上がって主にお会いできるようになりたいと、ジャンプの練習を始めました。毎朝4時半、まだ暗いうちに川原に行き、助走をつけて飛び上がるという練習を約3か月続けたのです。

それはそれは熱烈に再臨を待ち焦がれていたのです。ですから、その後統一教会に導かれて真のお父様（文鮮明先生）を再臨主と証されたときの喜びは例えようがありませんでした。

お父様はメシヤとして、真の父母として、あるいは人間として、実にさまざまな面を持っておられる方だと思います。

1967年、お父様が来日され、大修練会でみ言を語ってくださったとき、お父様は、私のすぐ前に立たれ、顔がくっつくかと思うほど近づかれて「姦夫！」と大きな声で怒鳴られたのです。心に宿る悪をすべて断ち切ろうと言わんばかりのものすごい声でした。私の魂は震えおののきました。これは今でも忘れることのできない、罪に対して恐ろしいほどに厳しいお父様の一面です。

また、1993年秋、済州島《チェヂュド》での日本女性修練会でのこと。お父様が壇上に上がられると、3000人でいっぱいの会場のあちこちから「お父様！」「お父様！」と叫ぶ声がし、その声のほうをお父様が向かれるたびにパチパチとカメラのフラッシュがたかれ続けました。そのうちにお父様はニコニコしながら、「みんなで一緒に『お父様』と叫ぼう」と言われたのです。

会場が「お父様！」の叫びでいっぱいになりました。親と子の心情が激しく触れ合って愛が爆発したようでした。みんなうれしくてうれしくて、ぽろぽろと涙を流していました。私も感動の涙にむせびました。そこはまさに天国でした。これは、みんなの心を一つにして神の心情に直結させてくださる、親なるお父様の一面であると言えます。

またあるときお父様は、こういう話をされたことがあります。「先生だって人間だから、時には枯れることもある。それをどうやって越えるかというと、神様に向かって『でも、私は与えたいのです。尽くしたいのです。与えることができるようにしてください』と祈る。そうして、空っぽの状態でもなお与えようとして出ていくと、神様が口を開いて語るべきことを与えてくださる」と。

「お父様も人間だから限界がある」というのはほっとする内容ですが、お父様はその限界を超えて、「それでも尽くしたい、与えたい」と身もだえされるというのです。それを夜も昼も区別なく続けられるのです。

私たちはもちろん、真の父母様といつも一緒に暮らすことはできません。でも、クリスチャンたちは2000年の間、あれほど慕ったイエス様と実体で出会うことはできませんでした。それに比べ、私たちは恵まれています。み言の実体である真の父母様とともに、このみ旨の道を歩ませていただいているのですから。

（あべ・のりゆき）

「きょうはゆっくり休めたか?」

飯野貞夫

1971年春、韓国・水澤里《ステンニ》(当時)の修練所を訪れました。そこは私にとって半年前にマッチングを受けた懐かしい場所でした。当時、修練所は、まだいくつかの棟があるだけの広場でした。周りは、田んぼや松の林や貧しい小さな家が、狭い道の両側に並んでいました。

その水澤里で会議が行われたときのことです。会議の途中、お父様(文鮮明先生)は私のほうをご覧になり、突然、「絢子(妻)はどうしている? すぐここに療養に来たらいいんだね」と言われました。一瞬、私の胸は詰まりました。

実は、既にお父様の特別の計らいがあったのです。それは、数か月前に妻が訪韓したときのことです。お父様は「夫の元に行きたいか」と笑顔で私の妻に聞かれ、妻が素直に「はい」と答えると、「すぐに行きなさい」とおっしゃいました。そこで福岡の地区長をしていた私の元に、妻は赴任してきました。そういう配慮をしてくださっていたのです。

ところが、それまでの厳しい路程の中で、申し訳ないことに、高齢のためか健康を損ね、到着して数日して寝込むようになってしまいました。私の元に来て安心して疲れが一度に出たのか、私の愛情の無さか、彼女の疲れをいやしてあげられず、日々難しくなって、起き上がることもできなくなっていました。医者に連れて行きましたが、原因がよく分からず、とにかく休んでいるしかありませんでした。「今の状態では生命を保証できない」とも言われました。

本当にやせ細ってしまい、青い顔をして眠り続けました。しかし、よほどつらく苦しかったと思うのですが、私と顔を合わせるときは、決して悲しい顔をせず、いつも笑顔で迎えてくれていました。そういったことは、私はだれにも報告していませんでした。

しかしお父様はすべてご存じで、自分の娘を本当に心配するように気を遣っ

お父様のみ言を聞く筆者夫妻

お父様は私のほうをご覧になり、突然、
「絢子（妻）はどうしてる？
すぐここに療養に来たらいいんだね」
と言われました。
一瞬、私の胸は詰まりました。

いてくださったのです。帰国してそのことを寝ている妻に話すと、血の気のない顔と瞳をかすかに輝かせて、「行きたい」とはっきり言うのです。奇跡と思われるほどにすさまじい気力で、3日後には自ら立って一人ソウルへ向かう機上の人となりました。無事にたどり着くかと心配でしたが、妻がソウルに着いてお父様をお訪ねすると、お父様も驚かれて、「一人で来たのか。よく来たね」と優しくいたわって水澤里へと案内してくださり、そこで療養生活が始まりました。

当時、お父様は毎朝4時ごろにソウルの教会を出発して、6時ごろには水澤里に来られ、同じ敷地内にあった小さな工場の仕事を指導されていました。工場から100メートルほど離れた所にある平屋の建物に、お父様が休憩されるお部屋があり、私の妻はその隣の部屋を与えられ、休むことになりました。

そこにはご父母様やご子女様がよくお見えになり、毎月何回となくご父母様が直接、部屋に顔を出されて、「気分はどうだ?」とか「きょうはゆっくり休めたか?」と声をかけられたり、「一緒に皆で食事をしよう」と、お父様のお部屋に招いてくださったり、さまざまに心を尽くしてくださいました。

真の父母様の愛と、水澤里の空気と水は、日増しに妻の健康を回復させてくれたのです。少しずつ外を散歩できるようになり、2か月ほどで元気になって帰国してきました。本当に信じ難いことですが、真の愛の力が病をいやしてくれたのです。

祝福を通じてこの身の罪を赦《ゆる》してくださり、良き妻を授けてくださっただけでなく、さらに一番大切な妻の生命を再び生かしてくださったのです。一時は、家庭の出発もできないままに、生涯男やもめになることも考えさせられていた私に、本当の希望を与えてくださったばかりか、その後、3人の娘まで授かりました。

こうした出会いが一度ならず幾度も、真の父母様と私たちの家庭にはありました。「私があなたを愛したように、互いに愛し合いなさい」と身をもって教えてくださっているのです。すべての祝福家庭に対しても、真の父母様の愛は等しく注がれていると確信します。

（いいの・さだお）

真の愛に感謝

松崎裕史

ああ、歴史的な時間だ

1975年のこと、ボストンの北、グロースターで真の父母様（文鮮明先生ご夫妻）やご子女様とご一緒に40日間、マグロ釣りをさせていただくという天与の恵みがありました。これが後に20年以上続くことになるマグロ釣りの、記念すべき第1回目でした。

ある日、釣りが終わり、みんなでロブスターを食べに行きました。そのとき私の中に、「ああ、歴史的な時間だ。記念に何か欲しい」という思いがわいてきました。お願いするのは勇気が要りましたが、思い切って申し上げたのです。「アボニム、オモニム、お使いになったプレースマット（食器の下に敷くマット）を頂きたいので、サインをしてくださいますか?」と。ご父母様は意外なほどあっさりと「いいよ」と言って、サインしてくださいました。

するとそれを見ていた譽進《イェヂン》様が「私もオンマのが欲しい」と言い出されたのです。一瞬、私は「強敵が現れた。もうだめか」と思いました。でもお母様は「これは松崎にあげる」とはっきりおっしゃって、それを下さいました。こうして天宙的オークションに勝って宝物を手に入れ、喜んだ私でしたが、その瞬間のやりとりが、意味がよく分からないまま後々まで強い印象として残っていました。

私は店のオーナーに「この方々は世界的に有名な貴い方たちなので、その使われた食器をすべて買って帰りたい」と頼みました。オーナーはなぜか感激して、食器類すべてを私に贈り物としてくれました。

オーナーの準備してくれたビニール袋に、私はおふたりの食器はもちろん、召し上がったロブスターのしっぽやヒゲの1本まで、いっさいがっさいを詰め込みました。両手に下げた袋からはロブスターの汁がしたたっていましたが、

1975年８月28日夕方、グロースターでお父様が最初に釣られた歴史的なマグロ（825ポンド=約400kg）。左が筆者

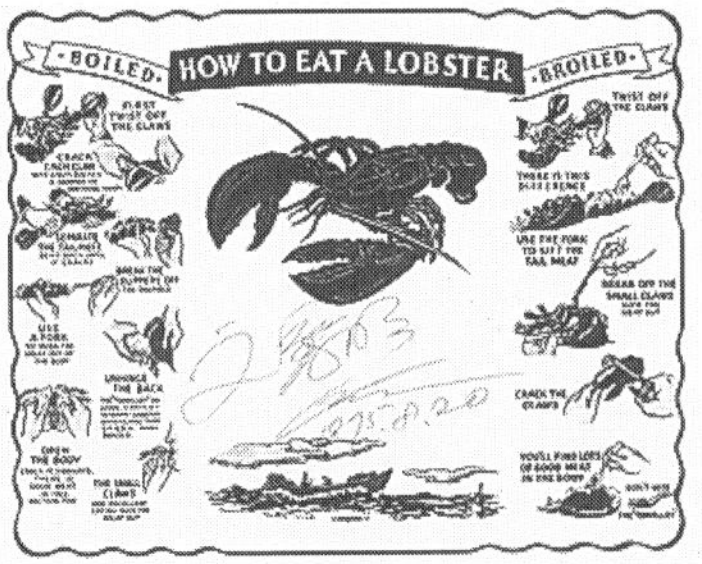

お父様がサインしてくださったプレースマット

素晴らしい貴重な宝物を持って歩く私の足も心もスキップしていました。

そのときはただ歓喜で舞い上がっていましたが、後に心静かに祈り、瞑想してみると、大変重要な心情的教訓を得るようになりました。

真の父母様との貴重な歴史的出会いの価値を切に求めた者には、その求めに応じて与えてくださるご父母様なのです。またそこには、ご自分の子女よりも、カインの子女を愛し投入してくださる天宙の父母の姿がありました。

直系で最愛であるはずの真のご子女様をさておいて、カインの子女、そして怨讐《おんしゅう》をも真の愛で愛し尽くして自然屈伏させないと、復帰の完成も天国の勝利圏も生まれてこないので、神様が、そして真の父母様がその心情の十字架の道を歩んでくださったのだということを悟らされたのでした。

2時間のマッサージ

1975年2月のこと、真の父母様は、1800双の祝福を韓国で終えて、アメリカに戻って来られました。お父様はその足でニューヨーク・ベリータウンの国際修練所（後の統一神学校）を訪問し、スピーチをされました。スピーチの後のお食事の場には幾人かの韓・日・米のリーダーたちも同席していました。食事が終わってふと見ると、お父様が食卓で座ったまま眠っておられるのです。韓国から文字どおり不眠不休で来られたので、ヘトヘトにお疲れだったのです。

当時私は修練所の責任者をしており、そのときの接待も任されていました。疲労困憊のお父様を拝見しながら、私ははたと困りました。どのように侍ったらいいのか？「エヘン、エヘン」と言って起こすこともできない、歌を歌うのも不自然…。

そのときに妙案が浮かんだのです。「そうだ、マッサージをしてさしあげよう」と。以前、ニューヨークの教会で一度そういう機会に恵まれ、喜んでいただいたことがあったのです。

「そうだ、あのとき、またマッサージしてさしあげようと誓ったではないか。今がその時だ」

そう思う一方で、否定的なささやきも聞こえてきました。「おまえのようないいかげんな信仰者が、お父様の聖なる体に触るのか」。また、「断られたらどうしよう。お父様に拒否されたらいやだな」という心の葛藤もありました。時間的には数十秒だと思いますが、歴史的な闘いを何十時間もやったような感じでした。

必死に祈り求めながらの内的な闘いの末に、そういうためらいは真の親子関係になっていないから起こるのだと思えるようになりました。「おまえは何だ。自分のことだけ考えている。この新しい命を、み言を、愛を、祝福を、だれかららもらったんだ。ご父母様からだ。これだけもらっておいて何もお返しできないとは何だ。本当の愛は、断られようが、つばをかけられようが平気なはずだ。つばをかけられたら、そのつばをも飲み込んで『お父様、もっと下さい』と言えるのが、本当の愛ではないか」。

こうして自分中心の思いを完全に脱ぎ捨てて、お父様のために今自分に何ができるか、またすべきかという心情一つになって、ただお父様を愛する気持ち

バイクにまたがられるお父様と孝進様。中央が筆者
（1975年、米ニューヨーク・ベリータウンの国際修練所で）

だけになりました。そして「アボニム、お疲れですからマッサージをして…」と申し上げました。すると、その言葉が終わる前にお父様は「おお!」と即座にスーツを脱ぎ、「待っていた」と言わんばかりに受けてくださったのです。しばらくして、その場にいた2人のリーダーも「お父様、私にもやらせてください」と寄って来ましたが、お父様は「いい、松崎だけやれ」とおっしゃいました。

約2時間ほど、いすに座られたお父様にマッサージをしました。肩、首、耳、胸、頭はてっぺんから後ろ、横。たたいたりもんだり、腕も指もすべてやりました。ナプキンを左手に持ってお父様の額に当て、テーブルの上に寄りかかるようにしてお支えして、頭の後ろをもんでさしあげると、お父様のイビキが聞こえてきたのです。何という光栄でしょうか。私を信頼し、ゆだねてくださったのですから、その喜びはたとえようがありませんでした。私は何時間でも何日でも続けて慰労してさしあげたいという思いで感謝し、至福の時を過ごしました。

真の父母様は、純粋に思う愛の心情に対してはストレートにこたえてくださいます。真の愛は「90度の角度で直短コースを通る」（み言）、寄り道もしない、まっすぐで純粋なものであることを体験しました。こういうお方に出会うことができたのは、何という幸せでしょうか。

真の父母様は、哀切な涙の心情とともに、歓喜の心情で生ける神様の真の愛を数限りなく体恤してこられたお方です。天地の父母として、神様とともに、真の愛で失われた子女を捜し求めてこられたゆえに、私のような小さく遠い者であっても、真に精誠で求める者にはこたえてくださるお方なのです。

子女様よりも私たちに愛を注がれる

私は1972年から20年にわたってアメリカでみ旨を歩みました。7年間はイーストガーデンの近くに住んでいたこともあって、真のご家庭と接する機会もありました。特に長男の建君《たてきみ》と同年代の榮進《ヨンヂン》様や亨進《ヒョンヂン》様は、わが家に自由に出入りされていました。

あるとき、亨進様が長男に話しておられる言葉が耳に飛び込んできました。

「Tatekimi! You can sleep with your mom, you are lucky.（建君はお母さんと一緒に寝られるじゃないか。いいなあ）」。7歳前後の子供たちの、遊びの中での何気ない会話であったがゆえに真実味がありました。ご子女様の言葉を通してかいま見た真のご家庭の親子のお姿は、私の心の中に重い衝撃として伝わってきました。

わが家も妻が子供を預けて開拓伝道に出るなど、親子が離ればなれになることはたびたびありました。しかしそういう中でも、子供と一緒に寝たり食事をしたりする時間はあったのです。

かつてお父様はイーストガーデンにおられるときでさえ、いつもカインの子女の立場の教会のリーダーたちとご一緒でした。食事もご子女様とは共にされなかったのです。ご子女様たちは毎朝、台所で食事を済ませて、ごあいさつだけして学校に出かけておられました。全人類の救済の道を開くためには、楽しい家庭生活や親子の触れ合いの時が、どうしても犠牲になったのです。

イーストガーデンでこういうことがありました。孝進《ヒョジン》様が最初に作られた音楽のCDをお父様にお捧げしようとされたその瞬間、ある兄弟が横からお父様に声をかけてしまったのです。ずっと寂しい思いで過ごしてこられたご子女様のご心情が分からず、無神経さを露呈してしまったのです。お父様はすぐにそちらを向かれて、もう孝進様のほうを見ようとはされませんでした。

そのときの孝進様のご心中は察するに余りあります。

後に孝進様とお話をさせていただいたとき、しみじみと「私だってお父様に自分の実績を捧げて、孝を尽くして喜んでもらいたいんだ」と語られました。これはすべてのご子女様の偽らざるお気持ちではないかと思います。

真の愛の本源の真の父母様の直系、そして最愛のご子女様でありながら、その愛を受ける時間があまりに限られているという事実。血統や愛という基準から見て、その近い者を遠ざけ、遠い者を近くに置いて愛する道は、神様と真の父母様が歩んでこられた愛の十字架の道と言えるのではないでしょうか。

國進《クッチン》様が日本で、その胸の内を切々と語られたことがあります。

「私は子供のころから、また成長していく過程において、私たちの両親はなぜいつも遠くにいるのか、なぜ他の両親のようにそばにいないのか、それが理解できず、難しい時期がありました。子供にとって困難を両親と分かち合う時間を持つことができない、それはとても難しいことです。

長い年月の反省と内的な葛藤の末、私は真の父母様がなぜそのような困難な生き方をしてこられたのか、分かってきました。皆さんの永遠の生命と祝福のために投入してこられたのです。それが私にとっては今、こよなく感謝です」

私には2人の息子がいますが、彼らと接するときにはいつも、真のご子女様の犠牲の上に与えられた時間なのだという厳粛な思いと、申し訳ない思いになります。と同時に、感謝の心情がわいてくるのです。


（まつざき・ひろし）

本当の家族のように

丸山明彦

真の父母様（文鮮明先生ご夫妻）からアラスカに呼ばれたのは1994年のことです。ご父母様の直接のご指名で、食事のお世話をさせていただくことになりました。お招きしていただいた理由は、以前、日本にお母様が来られたとき、私が作った天丼の味を覚えていてくださったからだというのです。

来日されたとき、お母様ご一行の夕食を作らせていただくことになり、一心不乱に祈るように真心を込めて天丼を作りました。出来上がった天丼を、胸が高鳴るほど緊張しながらお母様とご子女様にお出ししました。

お食事をされながらお母様は、「これはお父様の好きな天丼ですよ」と孝進《ヒョジン》様に説明されていました。いつも同行されている方によると、どうやらお父様は天丼などの汁をかけたどんぶりものがお好きだとのことでした。

「彼が天丼を作った人です」と同行されていた方が私を紹介すると、お母様は優しくほほえまれました。

それから1年後、アラスカに呼ばれたのです。お母様が「以前、日本のホテルで講演したとき、天丼を作ってホテルに持ってきてくれたあの人は？」と、直接、本部に電話で問い合わせが入ったのです。私はまさかそんなことを覚えておられるとは夢にも思っていませんでした。

そういうわけで、私は喜んでアラスカに向かい、現地で調理を任されたのです。ところが、その喜びもつかの間、はじめのうちはアクシデントの連続でした。私以外に韓国人、アメリカ人と、文化が異なる人同士が調理のチームを組んだので、意思疎通がうまくいかないのです。

言語の壁が第一の障害でしたが、それ以外にも、食事の材料が日本と違うので、選別するのに大変でした。ご飯の炊き具合ひとつをとっても、慣れないせいか、他の国のメンバーはとても硬く炊いてしまうのです。硬いご飯をお出し

18歳になられた善進様のお誕生日に

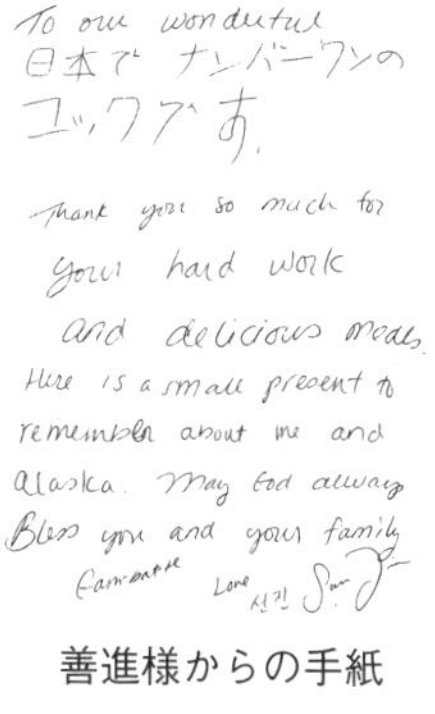

To our wonderful
日本でナンバーワンの
コックです.

Thank you so much for
your hard work
and delicious meals.
Here is a small present to
remember about me and
alaska. May God always
Bless you and your family
Love 선진 Sun Jin

善進様からの手紙

封筒に書かれた絵

したときはショックでした。そのときご父母様はまずいとは言われませんでしたが、私は申し訳ない思いでいっぱいでした。

そんな私の心を察してか、ご子女様方がよく声をかけてくださいました。「きょうのグリーンサラダ、おいしかったわよ。これがアメリカン・テイストよ」と薫淑《フンスク》様が褒めてくださったり、善進《ソンヂン》様が「マルヤマサン、スマイル！」と、激励してくださったのです。

数日が過ぎ、慣れてくると、夕食に椎茸の炊き込みご飯とビーフシチューを作りました。釣りから戻られると、ご父母様は食事を取られました。しばらくすると、お母様が召し上がりながら「これはいいね」とおっしゃったのです。私は途端に元気が出てきました。「お母様が褒めてくださった。メシヤが私の料理を褒めてくださった」。さらに、「今度、あなたを釣りに連れて行ってあげるね」と言われたのです。

そうして数日が過ぎ、ご父母様と韓国のご婦人２人と日本の姉妹と私の７人でワゴン車に乗り、釣りに出かけることになったのです。

目的地の川に向かう途中、マクドナルドで昼食を取ることになりました。全員ハンバーガーを食べ、ご父母様がコーヒー、善進様がコーラを飲まれました。お母様がコーヒーを残されると、善進様がお母様に「このコーヒーを彼にあげていいですか？」と聞かれました。お母様が「いいわよ」と言われると、お母様の残されたコーヒーを善進様は私に回されたのです。

「ありがとうございます」。そう言って、私は静かにコーヒーを頂きました。

2か月が過ぎ、善進様がニューヨークのイーストガーデンに帰られることになりました。

帰る前日、善進様が「丸山さんのワイフの腕の太さはどのくらい？」と尋ねられたのです。

「よく分かりません」とお答えすると、そばにいた数人の姉妹たちを集められ、「どの腕かな？　この人と同じサイズ？　違う？　じゃあ、このくらいの太さ？」と、その女性たちの腕を順番に指されながら、家内の腕のサイズを知ろうとされるのです。

そして翌日、ビーズを通して作ったブレスレットを「マルヤマサンのワイフへ」と手渡され、アラスカの動物（熊と鹿とシャチ）の絵はがき3枚、魚の形をした石鹸、心温まるメッセージが書かれた押し花のギフトカードを下さったのです。

本当の家族のように接してくださるご父母様たち。恵みのアラスカ体験に、ただ感謝するばかりでした。

（まるやま・あきひこ）

見えない所で精誠を尽くされる

下山弘倫

１９７６年９月、ワシントン大会が大勝利のうちに終わりました。そのとき真のお父様（文鮮明先生）は、「真の父母の使命は終わった。あとはあなたたちの責任分担を果たしなさい」と言われました。

そしてその翌年、３月の終わりから４月にかけての１週間、真の父母様はご子女様方を連れて、全米を旅行されたのです。

ご同行は朴普熙《パクポーヒ》先生、ピーター・キム先生のほかごく少数で、極めてプライベートなものでした。お父様は「今まで子供たちのためにもしてあげられなかったから、こういう旅行をしても、神もサタンも文句が言えない」と言われて、初めて、ただご家族のためだけの時間を持たれたのでした。

そのとき、私ともう一人の日本人兄弟が、記録を撮るために同行させていただきました。アリゾナのカウズゾバットという大きな鍾乳洞や、有名なグランドキャニオン、そしてラスベガス、ワシントンDCなどを訪れました。

この旅行の間で、私にとって最も大きな驚きだったのは、その旅がとても質素であったということです。本当ならば、勝利された後でもあり、天地公認なのですから、どんなに豪勢にされてもいいわけです。私も実は、最高級のホテルに泊まられ、おいしいご馳走をたくさん召し上がるのだろうと勝手に想像していたのです。しかし実際は全く違いました。

夜は20、30ドルの安いモーテルに泊まられ、朝食は手近なダイナー（ファミリーレストランのようなもの）で軽く済まされるのです。そこはトラックの運転手などがよく利用する所です。そして昼はマクドナルド、夜はピザハットという具合です。

これは後で聞いた話ですが、そのときお父様は「私は勝利したのだから、どんなにおいしいものを食べてもいいし、どんなに立派なホテルに泊まってもい

南米ブラジルのイータープーダムで、ご父母様とともに（1991年）

私が21年間、カメラマンとしてお父様の
記録を撮り続けてきて、一番言えることは、
「お父様は裏がない方である」ということです。
裏がないどころか、裏のほうがもっとすごいの
です。

い。でも今、旅をしているこの瞬間にも、全世界に血と汗と涙を流して苦労している兄弟姉妹たちがいっぱいいる。彼らのことを思ったら、それは心情的にできない」とおっしゃったそうです。

私はそれを聞いてとても感動しました。世の中の指導者というものは、口ではいいことを言っても、プライベートになるといいかげんな人が多いものです。でもお父様は全く逆なのです。

私が21年間、カメラマンとしてお父様の記録を撮り続けてきて、一番言えることは、「お父様は裏がない方である」ということです。お父様は、言われたことは必ず実践されます。言って人にやらせるのではなく、自分がまず実践されるのです。「2時間しか寝るな」と言われたら、ご自分は1時間半しか眠らないのです。裏がないどころか、裏のほうがもっとすごいのです。人に見せないときのほうがもっと立派だというのです。

私は当時、まだ20代でしたが、そういうお父様の姿を目の当たりにして、「この方のためなら死んでもいい」と心から思いました。そういう意味で、私にとってこの旅は、生涯忘れられない思い出となりました。
（しもやま・ひろみち）

み旨のためにすべてを捨てた私にすべてを与えてくださった

中村惣一郎

私は1963年4月、浪人の時に入教しました。当時、教会は開拓時代であり、多くの食口たちが学業を断念してみ旨に参加していましたが、私も大学進学を断念してみ旨に専心しました。

77年ごろ、お父様（文鮮明先生）が東京・渋谷の本部で、「君たち、この道を10年行ってみな。そして、自分の友人と会ってみなさい」と語られました。当時、東京にいた私は、高校時代、共に生徒会で活動したことのある友人に会ってみました。彼は青山学院大を卒業して銀行関係の仕事をしていました。

彼とは私がみ旨に専念する直前に、明け方まで話したことがあります。共産主義思想を信奉していた人で、「君が世界のために受験をやめるなら、自分も受験できない」と真剣に話した友人でした。

再会した時、彼は「もう、共産主義革命は起こらないだろう。僕は人生の先が見えた。しかし、君は自分の道を続けろ。君に英語を学ばせてやりたいな」と言うのです。その時、私は「お父様は『国のため、世界のために生きよ』といつも目標を下さる。何と恵まれているのだろう」と思いました。

その後、日本に来ていたＩＯＷＣ（世界統一十字軍）のメンバーから英語を学び、83年には、お父様の願いのもとで渡米、８年間米国で活動しました。日本にいた時にも、指導層の人々に講義をする機会が与えられました。世の学識のある方々が、何の経歴も持たない人間の講義を聞いて感動している姿を通して、み言の偉大さを何度も感じました。

91年に帰国し、翌92年２月、数日間で日本と米国を往復したことがあります。文化も言語も違う６０００マイルも離れている国です。しかし、ニューヨークに行っても今までいたように感じるし、また東京に帰ってきても、ちょっと北海道にでも行ってきたような感覚でそのまま仕事をしているのです。その時、お父様の訓練の偉大さをとても強く感じました。自分でも知らない間に国境、言語、文化の壁を越えていたのです。

70年代のある時、「私がみ言を聞かなかったら、社会の片隅で、不平、恨みを抱きながら暮らす人間になっていただろう」と思ったことがあります。私のもともとの性格は理屈をこねる、冷たい人間だと思います。しかし、ご父母様は祝福を通して相対者を、そして子女を与えてくださいました。もし私が相対者と会うことがなかったら、愛ということを知らずに生涯を終えたことでしょう。

ある時、自分の家庭について考えたことがあります。何の変哲もない家庭なのですが、今まで歴史の中でこういう家庭があっただろうか、「夫婦が信頼し、親子が共に喜びながら暮らす」たくさんの家庭があったけれど、祝福を通して与えられた家庭のようなものはあっただろうかと思えるのです。これが、ご父母様が私たちに与えようとされたものなのだと思いました。天国とはこういうことなのだ、神の直接主管圏とは家庭のことなのだと気付かされました。

パウロは「私たちは…死にかかっているようであるが、見よ、生きており、

韓国・雪嶽山の飛仙台で。お父様の左が筆者
（1972年９月15日）

み旨のためにすべてを捨てた
と思っていたのですが、
ご父母様は
すべてを与えてくださったのです。

…何もたないようであるが、すべての物を持っている」（コリントⅡ6章8—9節）と語っています。み旨のためにすべてを捨てたと思っていたのですが、ご父母様はすべてを与えてくださったのです。

ジャルジン修練会（ブラジル）に参加した時、今までのお父様との出会いを顧みる時間を持ちました。

私の信仰生活において大きな転機が何回かありましたが、それがいつもお父様とお会いした後、その恩恵の上に起こっていたものなのだといまさらながら感じました。他にもお父様が訪ねてくださった時が何度もありました。その時、もっと深い心情を持って侍ることができていたならお父様に喜びをお返しできたのに、と悔いる思いがあります。「お父様の心情にお応えできなかった親不孝者だな」と思うのです。私の人生においてすべてを与えてくださった真の父母様に心から感謝し、これからの歩みを通して孝行な者になりたいと思っています。

（なかむら・そういちろう）

「働く姿に花の香が止《とど》む」

浅井桂子

私は、1973年の真のお父様（文鮮明先生）の歴史的な最初の全米講演ツアーに参加することができました。当時のツアーは米国の21州を巡るもので、一番最後にはハワイでも講演が行われ、私たちも参加することができたのです。今振り返れば、このツアーに参加できたことは、大きな恩恵だったと感じるのです。

私がアメリカへ渡ってすぐ、お父様がIOWC（世界統一十字軍）を結成されました。そして、それをウエスタンメンバーが率いるチームと周藤健先生が率いるチームの2つに分けられ、お父様の講演会の支援をするようにされたのです。

私は周藤先生のチームでした。そこに10か国から10数人のメンバーが集まり、マイクロバスで担当の州を順番に回っていくのです。各チームは、各州を3日間で移動し、講演会のスタッフを助けてお父様が到着される前にお父様がお泊まりになる場所を準備したり、参加者を集めるお手伝いをしたりしました。1日目の夜はバンケット、次の日は講演会というかたちでした。

朝食はドーナッツと粉ジュースを水に溶いたものを飲んで済ませ、昼と夜はスライスパンにチーズとハムのサンドイッチなどを食べて過ごしました。

こうして広いアメリカを交代で運転しながら移動したのです。時には、10か国のメンバーが激しくぶつかり合うこともありましたが、信仰の力で再び一つになりました。

各州ではさまざまな出来事がありました。反対運動がある所もありましたが、マスコミが私たちの活動に関心を持ち、州によってはテレビで紹介されたこともありました。

2つのチームは担当した大会の参加者数などを常に競争しながら互いに励まし合い、頑張りました。そして周藤先生が率いる私たちのチームが勝ちました。お陰で最後のハワイ講演まで、私たちは真の父母様とご一緒することができたのです。たくさんのレイを受けられ、盛大な歓迎の中で講演されるお父様の輝かしい姿が、今も目に浮かぶようです。

この路程の間、私もお食事のお世話をさせていただく立場になりました。そのため真のお父様にいつもお近くで接することができ、ご様子をつぶさに拝見することができました。

コロラド州では予想以上に多くの人が講演に詰めかけました。その日の夕食の場で、お父様は満面の笑みを浮かべ、子供のように喜ばれました。その本当にうれしそうなお顔は今も忘れることができません。

ある教会で夕食をした後、お父様にクッキーを差し上げました。すると、「一番醜いものを取ろうかな」とおっしゃり、きれいなものは私たちに与えようとされるのです。こうした出来事を思い出すと胸が熱くなり、涙が出てきてしまいます。

寒いミネアポリスでの朝のことです。それは朝食の時でした。お父様がその場にお一人でいらっしゃるとき、一緒にお仕えしていたもう一人の姉妹が突然、お父様に『原理講論』を差し出し、み言を書いてくださるようにお願いしたのです。その姉妹は、とても積極的で勇気のある性格でした。

お父様は、すぐに書いてくださいました。それは「勇む先に慎む心が尊し」というものでした。

その姉妹の勇気のお陰で、私も続いてお願いすることができました。くしくもその日は私の誕生日でもあったのです。

「お父様、きょうは私の誕生日です」と申し上げ、恐る恐る『原理講論』を差し出しました。

すると、「働く姿に花の香が止む」と書いてくださったのです。そして、誕生日の日付も入れてくださいました。

私が「働く姿に花の香が…」まで読んで少し戸惑っていると、お父様が「…とどむ」と声に出して読んでくださったのです。

私は本当に驚きました。その時の気持ちには形容し難いものがあります。

お父様のみ言といえば、「天国実現」とか「萬生懸命」といった堅い公的な

み言を書かれるお父様と筆者（左）

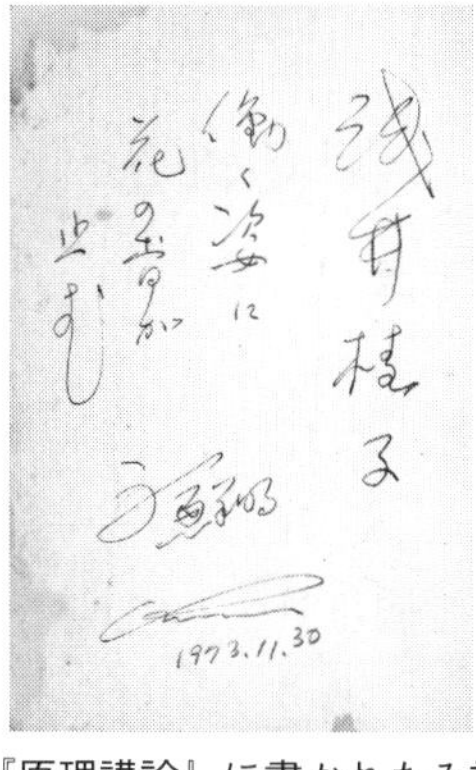

『原理講論』に書かれたみ言

ものしか思い浮かばなかった私は、このように詩的で美しいみ言を即興でお作りになったことに、お父様の別の一面を見るようで深く心打たれました。

そして何より、私たちをよくご存じであり、性格を瞬時に見抜いていらっしゃることに畏敬の念を覚えたのでした。

私はといえば、お祈りをしていても、しなければならないことが頭に浮かんできて、そそくさとお祈りをやめ、行動が先になるということがあるのです。そんな私の姿をどうしてお分かりになったのでしょうか。

今思えば、真のお父様は私の不足な信仰をご存じで、このみ言は、そんな私への誕生日プレゼントの意味で贈ってくださったのだと思えるのです。

苦しくつらいときには、必ずこのみ言が思い起こされるのです。

若く花のような時代が過ぎてなお、いえ過ぎてしまった時にこそ、絶えず花の香をとどめる人にならなければと、自分に言い聞かせながら、今になってこのみ言の深い価値が分かり始めたことを感じています。

（あさい・けいこ）

世界の救いかけ完全投入の日々

神明忠昭

思いがけない旅のはじまり

1997年7月24日の朝、イーストガーデンに真のお父様（文鮮明先生）をお訪ねした折、突然お父様から「先生と一緒に10日間の南米旅行に行かないか」と言われ、その日の夜には、私はブエノスアイレスに向かう機上の人となりました。驚いたことに、私だけが今回の南米旅行の特別招待客でした。ほかにはスタッフが2人だけでした。真のお母様は、ちょうどそのころ韓国での講演旅行の最中であり、お父様とご一緒ではありませんでした。

それで、お父様のすぐ隣の席に私が座るようになりました。それまでの生活の中で、いつも真の父母様と一体化できるようにと祈ってきましたが、いざ実際、このようにあまりにも近いと、戸惑ってしまいました。

しかし、イスカリオテのユダやイエスを3度否定したペテロなどの哀れな失敗者のことを考えると、今自分がお父様に直接侍ることによって、彼らのすべての失敗を償い、彼らを解放してあげようという気持ちが生じてきて、戸惑いはすっかりなくなってしまいました。お父様に毛布を掛けてさしあげるときなど、自然に心がこもりました。

飛行機の中でお父様は、お一人で祈祷したり、お母様の韓国語の講演文を読んでおられました。そのようなとき以外私は、お父様と話をしたり、一緒に食事をしたり、一緒に笑ったりする時間を過ごすことができたのです。

お父様の人類に対する愛

翌朝、ブエノスアイレスに着くや否や、南米の新聞ティエンポス・デル・ムンド紙の本社の敷地として予定している土地を見に行きました。また、南米におけるいろいろなプロジェクトの事務所ビルとして使う予定になっている10階

アルゼンチン・コリエンテスのパラナ川でお父様と釣りを楽しむ。
右から２人目が筆者

私の証しが終わると、お父様は
「そのような証しを聞かずとも、
本人の目を見ればすべてが分かる」
と言われました。

建ての美しい大理石の建物も見に行きました。その後、現在のティエンポス・デル・ムンド紙の本社を訪ねましたが、そこではスタッフから非常に温かい歓迎を受けることとなりました。

ブエノスアイレスのいろいろな場所を訪問しながら、私は涙を禁ずることができませんでした。それは、このような遠い地に巨大なプロジェクトを実行するには、幾多の困難が伴ったであろうが、お父様は人類に対する愛ゆえに、強い勇気をもってそれらの困難をことごとく乗り越えられたのだと感じたからです。

自動車の中でお父様の隣の席に座りながら、車窓からブエノスアイレスの街並みや通行人を見ては、涙が込み上げてなりませんでした。

その日の夕食のときにお父様が私に、一日を通して何を感じたのかを尋ねられたので、私は、お父様の人類に対する愛を感じて泣いていたことを申し上げました。それに対してお父様は、「世界につながる神の愛をもっと知りなさい」とやさしく励ましてくださったのでした。

私の決意

次の3日間は、アルゼンチンのコリエンテスにあるプラタ川で釣りを楽しみました。川幅が10キロもあり、小さな島がたくさんある大河のプラタ川では、鮭に似たドラドと鯉のようなボガが釣れました。

小さな波があり、ゆったりと流れる広大な水面が、陽光を浴びて光り輝いていました。私は舟から一日中その光景を眺めながら、お父様はここで、全世界をいかに早く救済するかを祈り、考え、この同じ水面を何度も何度も見られたに違いないと思いました。その広大な水面を見ながら、お父様の心情を感じ、私はこれからお父様のように、惨めな世界、全人類の解放のために、いかなる十字架でも背負っていくことを決意したのでした。

その日の夕食時、一日の出来事を思いめぐらせながらお父様の顔を見つめていたら、わっと泣き出しそうになりました。何とかお父様の前では泣くのをこらえることはできましたが、お父様は霊的に何かを私から感じられたのでしょうか、翌朝、皆の前で私に証しをするようにと言われたのです。

私の証しは、耐えがたきを耐えてこられた神の絶大なる愛の証しでした。証しが終わると、お父様は「そのような証しを聞かずとも、本人の目を見ればすべてが分かる」と言われました。

お父様から受けた愛

7月28日、私たちは4人分の席しかない小型飛行機でウルグアイのモンテビデオに飛びました。その数少ない席の一つを、お父様はだれよりも優先して私に下さったのです。

翌日、多くのリーダーたちがお父様に会うためにビクトリア・プラザ・ホテルにやってきました。ウルグアイの国家的メシヤ、南米の大陸会長、銀行、新聞社、建設会社、ホテルなどの経営者たちでした。私はその場を観察しながら、お父様という方は、世界の救済という神のみ旨を真剣に愛されるがゆえに神から啓示があり、その啓示によって最も適切な指導を皆に与えることができるのだと感じました。私もそのようなお父様のようになりたいと神に祈りました。

その日の午後、お父様は突然、そこにいたリーダーたちに対して、南米で最も有名な観光地の一つであるプンタ・デル・エステという所に、この私を連れて行くと発表されました。そこはモンテビデオから2時間かかる所ですが、皆、お父様の車についていくことになりました。

私は、お父様から特別な愛を受けていることを感じました。それで私は途中、お父様から受けた愛をすべての人々、特に惨めな人々に分け与えることによって、復帰の仕事をできるだけ早く完成することを全天宙に誓ったのです。

そのように全天宙と対話している間、カーステレオからは叙情的な音楽の調べが流れてきて、私を一層霊的に引き上げてくれたのでした。

お父様のさらなる願いを受けて

翌7月30日、私たちはモンテビデオをあとにして、ブラジルのジャルジンにあるニューホープファームに向かいました。再び私たちは、お父様の小型飛行機を利用しました。

飛行機の中で、お父様から「プンタ・デル・エステは思い出の地になったか」と聞かれたので、私は「復帰の仕事をできるだけ早く完成するために、お父様から受けた愛を全天宙に分け与えていく決意をしました」とお答えしました。まさにその時でした。

お父様は、今後、統一神学校に、二世のために神学教育を行う4年制大学をつくるようにと言われたのです。お父様はまた、「世界の指導者たちをも、今後どんどん神を中心として指導していくように」と私を激励してくださったのでした。

まだ薄明るい夕方、私たちはカンポグランジからタクシーに乗ったのですが、午後10時ごろニューホープファームに着いたときには、既に真っ暗になっていました。ニューホープファームでは新しい建物の建設のために働いている20人余りの懐かしい神学校卒業生に再会することができました。

彼らの日焼けした顔は輝いていました。私は彼らの姿に感動を覚えました。

私たちはそこでわずかな時間を過ごし、別れを惜しみつつ、その場をあとにしたのでした。

神の権威を現されるお父様

自動車でニューホープファームからサロブラに向かったのは、7月31日のまだ暗い早朝でした。ブラジルのその小さな村、サロブラには、お父様の農場と小さなホテルがあります。そして釣りの楽しめるジャングルの沼地があるのです。

私たちは2日間そこに滞在し、釣りを楽しみました。沼地でさまざまな動物や植物を見ることができました。目の光っているワニや珍しい鮮やかな色の鳥を見ました。釣り糸を垂らしながら、静かに耳を澄ませると、周りから虫や鳥の鳴き声がオーケストラの音楽のように聞こえるのでした。その瞬間が偶然ではなく、必然的な摂理性と永遠性を帯びているように感じられ、み旨を慕う気持ちが募るのでした。

私はまた、真剣に釣りに集中されるお父様の神秘的なお姿を拝見しました。きっとこの瞬間にもこの場で釣りをされながら、世界の永遠の救いのことを考えていらっしゃるに違いないと思いました。

サロブラでの2日間、釣りに行く前の朝食の席上でお父様は、いつもみ言を語られました。その語り方に神の権威を強く感じて、私は泣きそうになりました。お父様はいつも祈りに集中してみ旨を考えていらっしゃるので、このように神の権威が現れるのだと私は考えたのです。

そうして涙ぐんでいると突然、お父様は私に「神明も神の宮として相対とともに神の三位一体になるんだよ」と言われました。

お父様の愛を感じて

8月2、3日の2日間、私たちはサンパウロで過ごしました。お父様はブラジルのメンバーにたくさんのみ言を語られましたが、特に日本の女性メンバーたちに日本語で語られたときに、再び私はお父様の愛の波動が強く伝わってくるのを感じました。そのときお父様は、私に証しをするようにと言われました。私が証しをすると多くのメンバーが泣きました。証しが終わった後、お父様は私について「この男は、3年で統一神学校を一新したよ」と言われたのです。何という光栄でしょうか。

8月3日は10日間の南米旅行の最後の日でした。昼食前にちょっとした自由時間があったのですが、そのとき私は、自分の寝室で一つの葛藤を味わっていました。それは、この旅行が終わらないうちに、お父様と私の二人っきりで写真を撮ってくださいとお父様にお願いしようかどうかという葛藤でした。

しかし、じっくり考えた結果、この悲惨な全世界を復帰する手伝いを勝利的に完了するまでは、そのようなお願いは一切するまいと決意したのでした。真に世界を愛したという勝利なくして、外的にお父様と1、2枚の写真を撮ってしまったら、私は結局、この世界を感動させることのできない傲慢な人間になってしまうと考えたのです。

このような決意をしたとき、救いを切に望んでいる悲惨な全世界が、私の体の中に津波のように押し寄せてくるという霊的な体験をし、愛の思いで泣けてきたのです。

お父様と二人だけの写真を撮らないと決意したのに、逆にお父様を近く感じて、涙が止めどもなく流れてきたのでした。

昼食の時間がやってきたので、涙を拭いて、何もなかったかのようにお父様の部屋に食事に行きました。すると、お父様は私の顔を見るや否や、「神明、どうしたんだ」と聞かれました。お父様は既に知っておられたのです。そのとき私はこらえることができず、泣きだしてしまい、「世界に対するお父様の愛を感じていました」とお答えしたのでした。

その日の夜、私たちは米国に戻るために、サンパウロ空港に向かいました。空港はたくさんの旅行者や乗客でごった返していました。それを見て私は、彼らが私の復帰の仕事を待っているのだと感じ、再び涙したのでした。のどから出ようとする声を止めるのに骨を折りました。

お父様はニューヨークに戻る飛行機の中でも、すぐ隣に座るように言われました。

この旅行を振り返ってみると、間違いなくお父様は世界を救うために、心身を完全に投入しておられる、愛と犠牲のお方であることを知ることができたのです。

事実、お父様は時間と場所に関係なく、人々にみ言を語り、愛し、指導されるのです。このようなお父様の完全投入からこそ、未来世界に対する間違いのない展望や、多くの具体的な計画やプロジェクトが生み出されてくるのです。

そのようなお父様よりも貴い方が一体どこにいらっしゃるでしょうか。

（しんみょう・ただあき）

その祈りは神の心情に直結

今井俊雄

最近、早朝のみ言学習で『御旨と世界』（『祝福家庭と理想天国Ⅱ』）を読みながら、1970年に祝福を受けたときに韓国・九里市の水澤里（当時）の中央修練院でお目にかかった真のお父様（文鮮明先生）のお姿をまざまざと思い出しました。当時の水澤里はのどかな農村で、高層ビルも舗装道路も見あたりませんでした。修練所の垣根にはコスモスが咲き乱れ、晴れ渡った青空はどこまでも高く、排気ガスの充満した東京に住み慣れた私は、心に抱いていた懐かしい故郷へやって来たようなすがすがしさを満喫しました。

お父様は10月13日に日本から来たメンバーに「血統転換」のみ言を語られました。当時、私はこのみ言の深い意味も分からず、ただそこに座って聞いてい

ただけでしたから、何を語られたかほとんど覚えていませんでした。その後、活字になったものを何度も読みながら、その内容の重要さを改めて知らされました。

しかし、たった一つ鮮明に覚えていて忘れられないことがあります。お父様はみ言の最後を次のように結ばれました。

「心情的愛によって結ばれた夫婦は、その愛情にあふるる感情が生活圏を乗り越えて、生涯を乗り越えて、目的と一致するに違いないという信念に立った家庭にならないと、永遠の神様のおられる天国に入れない。それが結論になる。これが創造した神の目的だ…まるっきり夢みたいな話だけれど、根がない話ではない。今から、そういう家庭に向かって進むんだよ。そのようになりたいという者は手を挙げて誓いましょう。そのまま挙げて、祈ろう」

そしてお祈りが始まりました。その内容は、私たちをとりなしてくださる切々とした神様への訴えでした。長い長いお祈りでしたが、私はお父様のお祈りがいつまでも続いてほしいという思いで、腕を挙げ続けていました。そのうちに、だんだんと腕が疲れて痛くなってきました。

そのとき、「挙げた手を、直接両手をつかみまして、今後激しき、あるいは険しき、その罪多き社会に、この道をたどってゆくその路程におきまして、どうか守り合い、互いに助け合い、その相対者がなければ堕落しやすいということを思いまして、時間ごとに守り、時間ごとにそれを心配しながら、共に助け合う、世の中にほかにない親しき友となり、親しき親となり、親しき子供となって、そして兄弟となって、この大いなる栄光の本郷の愛の世界に、その達するに不足ないような、その者となるように励まし導いてくださることを切にお願い申し上げます」とお祈りされるお父様の声が耳に響きました。

すると、疲れ果てて痛くなっていたはずの両方の腕が急に軽くなり、痛みも消え去って、神様の強い力で腕をつかまれていることを感じたのです。まさにお父様のお祈りは神様の心情に直結していることを、痛切に悟らされました。

そのときの感覚は、時がたっても薄れることはなく、思い起こすたびにかえって新鮮な強い感動として私の心の中に蘇ってきます。そして、あのとき以来、今日に至るまで絶えず私を引き上げ続けてくださっている、真の父母様の一層力強く温かい手のひらを感じるのです。

（いまい・としお）

温かなほほ笑みで励ましてくださる

戸丸曠安

成田空港で真のお父様（文鮮明先生）をお迎えしたのは、1992年3月のことでした。

飛行機に連結された通路に、お父様がお姿を見せられるや否や、私は「お迎えにまいりました」と同行した末永喜久子さんとともにごあいさつし、お父様のアタッシュケースを持たせていただきました。幅が厚く重いものでした。

おそれ多くも、お父様を先導するようなかたちで「動く歩道」に乗り込み、マスコミのフラッシュがたかれる中を、入国管理局事務所へと移動しました。

その間、アタッシュケースを受け取るときに触れたお父様の手のぬくもりが私の手に残り、ジワジワ腕の方まで伝わってくるような感覚さえ覚えました。貫緑のあるお父様の前を歩く小さな私を見て、だれがお父様のボディーガードだと思ったでしょうか。

入管から税関を後にするまでの間、ずっと同じルートをご一緒しながら、お父様を出迎えの人々の所までご案内しました。記念すべきお父様のご来日に際して、真っ先にお迎えし、ご一緒することができたことに、心から感謝しています。

その日、一部のテレビ局が、真のお父様のご来日をスポットニュースとして放映しました。ニュースを見た人たちから、私の姿もしっかり映っていたと後で聞きました。

今、私は教会の厚生部長として尾瀬霊園の管理をさせていただいています。霊園で歩むようになってからも、名節などの機会には、韓国の清平や中央修練院などでお父様にお会いすることがあります。

アボジロード（お父様が通られる通路）の近くに座り、み言をお聞きするときには、こんな私にも、お父様がよくほほ笑んでくださるのを感じるのです。そのとき、私はそのほほ笑みにすっぽり包み込まれたような気持ちになり、無言のうちに

「頑張れよ」とお父様が励ましてくださっているような気がしてなりません。「（尾瀬霊園の運営と発展のために）これ以上ないという勝利圏を奉天するまでは、怠けずに頑張れ」と、真の父母様は応援してくださっているのでしょう。

尾瀬霊園は、お父様の願いによって開園されました。そしてお父様は尾瀬霊園をはじめとする統一霊園に、「仰天献命」と「本郷永生」という揮毫《きごう》を下さいました。

元殿《ウォンヂョン》式を執り行う尾瀬霊園は、教会員の間で、「日本の元殿」と呼ばれ、慕われています。昇華《スンファ》者の家庭を通して行われる「霊肉両界の垣根撤廃」に向かっての歩みを応援できるよう心掛けたいものです。昇華した人と生活を共にすることです。これこそが、お父様の「頑張れ」の言葉に応える最大のテーマだと思うからです。

毎年6月には全国統一慰霊祭が行われます。昇華者と昇華者の家庭が、興進《フンヂン》様の愛勝の精神を受け継ぐ契機になるよう願っています。

（とまる・ひろやす）

「先生の子女たれ！」

寺田雅己

「君たちは先生の子女なのか、弟子なのか」

目を閉じてうつむきながら、静かに私たちの話を聞いておられたお父様が突然、顔を上げられ、一人ひとりを見つめるように話しかけられました。心を見透かされたように思った私は、思わず一瞬、目をそらして遠く海のほうを眺めました。

この年、１９９３年7月中旬のことでした。米国・統一神学校の卒業式を終えたばかりの私たち40名弱を、アラスカ・コディアクの地に集めてくださり、お父様が先頭に立って40日修練会をしてくださったのです。成約時代に入って最初の卒業生ということで、お父様が立てられたスケジュールに従い、早朝5時起床、夜12時過ぎの就寝。その間は原理の学習、み言の拝聴、海岸でのフィッシングなど、指導者になるための徹底した訓練が続きました。

そのときの卒業生には、真のご子女様を代表して朴珍憲様がおられ、二世の子女を代表して郭珍満《クァクチンマン》氏がおり、文家を代表して文聖岩《ムンソンアム》氏もいて、修練会を通じて、子女の立場で直接的にご父母様に侍る精神を深く学ぶ良き機会でもあったのです。

早朝、お父様のみ言と原理の修練を受けた後、いよいよフィッシングに出発。卒業生の半分は海に船を出してハリバット釣り、半分は海辺でお父様とサーモン釣りと、毎日のように実践しました。心身共に限界に挑戦する修練の日々は、時として苦痛を伴うものでしたが、お父様と二十四時間生活を共にすることがあまりにも貴く、いつしか苦痛は喜びに変わりました。今もその時のことが鮮やかに蘇ります。

ある日のことでした。全米での講演を終えられたお母様が久しぶりにお父様の元に帰って来られ、ご父母様とともに海辺に出掛けられました。船で出た者を除いて、海辺に残った十数人が釣ったサーモンのチゲ鍋を囲みながら、真の父母様の前で、自己紹介をし、将来の希望を語り、歌を披露したりしました。

関心を示されるご様子で、静かに私たちの話に耳を傾けてくださっていたお父様が突然、先ほどの言葉を2度繰り返されたのです。「君たちは先生の子女なのか、弟子なのか」。そして、次のように続けられました。

「イエス様の弟子たちは弟子の次元で終わってしまった。決して子女になることができなかった。子女であったら主を十字架にかけることはしなかっただろう。子女になり得なかったがゆえに、弟子たちはイエス様を十字架にかけてしまった。先生は君たちに、弟子ではなく、先生の子女になってほしい。先生の子女たれ！」

このみ言は私の胸に深く刻まれました。修練後、3年間宮崎で教区長をさせていただきましたが、難問に出くわすたびに、いつも私の胸に去来するのは、このみ言でした。いつか「あなたの子女になりました」と言えるその日を目標としながら、決意するきょうこのごろです。

（てらだ・まさみ）

ベルベディアは心のふるさと

座間易子

真の父母様（文鮮明先生ご夫妻）がアメリカを中心に摂理を展開されるようになって間もない1972年、神山威《たける》先生が、第一陣の男性リーダー12人とともに渡米されました。私も翌73年、第2陣の一人として渡米し、神山先生の下でみ旨を歩むようになりました。真の父母様は、当時ニューヨークのベルベディアで生活されていました。

あるとき神山先生から、ベルベディアの金信旭《キムシヌク》先生のもとで、台所の仕事をする人をだれか送りたいというお話があり、料理の訓練など受けていないのに、一人私が選ばれました。どうしてそのような立場に立たされたのか分かりません。無私の心情で、お父様と一体となって、アメリカ開拓をお支えしなければならないと決意した矢先のことでした。

初めてベルベディアに入ったとき、お父様の食卓に一緒に着かせていただきました。そのときに「金信旭についていきなさい」とのみ言を受けました。その一言で、私は個人で侍る立場ではなく、日本の代表として侍る立場である、絶対にへこたれてはならないと決意し、頑張ることができました。

何も分からない私を、神様は金信旭先生を通して鍛えてくださいました。金信旭先生は特にご家庭に侍る姿勢についてご指導くださいました。そのような中で、緊張して給仕をしている私を、お父様が気遣ってくださっていたことを感じたことがありました。

ある聖日の日、礼拝の説教を終えられたお父様が、突然ベルベディアで昼食を取られることになりました。材料もほとんどなく、申し訳ない心情で、日本のカレールーをベースにしたカレーライスを真心の限りを尽くして作ってお持ちしました。

お父様は、一人でお部屋におられました。カレーライスと水くらいしかありません。私は申し訳ない心情で入っていきました。

お父様はそんな私の心情をご存じのように、鼻歌を歌われながら「易子ちゃん…易子ちゃん」とささやくように言われ、コチコチの私は少し緊張が解けました。カレーライスを差し上げると、おいしそうに召し上がり、おかわりまでされました。大きな大きな愛で召し上がってくださったと感じ、本当に感謝しました。

お父様はいつもお忙しく、多くの出会いはありませんでしたが、孝進《ヒョジン》様や誉進《イェジン》様から「易子、易子」とよく声をかけられ、ご子女様がご父母様に代わって私を愛してくださっていることを感じました。

その後、金信旭先生が世界巡回に行かれるようになると、メインハウスのハウスキーパーとしての仕事を任されるようになりました。約2年間の責任分担を全うすることができたのは、ただ真の父母様を少しでも慰労してさしあげることができれば、という思いがあったからだと思います。

この間、金信旭先生には大変お世話になり、深い心情関係を結ばせていただきました。そして私の最も尊敬する信仰の大先輩となりました。さらに真のご家庭に侍る基準というものを肌で感じさせていただいたことは、その後の信仰生活にとって、何よりの宝物になったと、心から感謝しています。

私は77年までアメリカに滞在し、数々の恩恵を受けながら広大で美しいアメリカ大陸を肌で味わい、忘れ得ない期間を過ごすことができました。とりわけ、神様と真のご家庭と自然万物が一つとなった美しいベルベディアは、私の心のふるさとになりました。

（ざま・ようこ）

叱責の中にあふれる親の愛

多田聰夫

1993年、私は守山修練所（名古屋市）の所長の立場を与えられました。教育を担当し、原理講義に明け暮れる日々でした。そういう中、信仰生活において少しの間でもいいから、一度は真の父母様（文鮮明先生ご夫妻）と同じ場所でみ旨を共にしたいと祈っていました。そんな折、韓国の済州《チェヂュ》国際研修院で16万人女性修練会のスタッフとして行くことになりました。祈りが聞かれたという感謝とともに、期待と不安を抱えつつ、済州島に向かったのです。

それまで多くの修練会を経験してきましたが、お父様のいらっしゃる修練会は緊張感が全く違います。私は日本で、お父様と一体となる努力をしてきたつもりでしたが、進行係として責任をもって修練生をリードしていながら、お父様との心情のあまりの遠さを思い知らされました。毎日お父様のお姿を目の当たりにする生活の中で、おそば3メートル以内に近づけないというのが、正直な私の心情レベルだったのです。

あるとき進行として姉妹たちの前に立って話をしていたら、お父様から直接の伝令が来ました。「話ばかりせず、歌って場を整えなさい」とのこと。モニターで私の姿を見ておられたと聞いて、びっくりしてしまいました。またあるときは、講義室の後ろに毛布がバラバラの高さに積まれているのを、大きな声で注意されました。私はひたすらお詫びするばかりでしたが、そんな小さなことまで注意していただき、申し訳なさが込み上げてきました。

また、お父様の乗っておられる船で一緒に釣りに地帰島《チギド》に行ったときのこと。私はうれしくてうれしくて、立って写真を撮っていました。すると、お父様が急に立ち上がって、大声でお叱りになったのです。それは「立ったら危ないじゃないか。落ちて死ぬぞ」と言っておられるように聞こえました。そのすさまじさに、私は思わず体をかがめてしまいましたが、後で私のことを心から心配してくださるお父様の愛がひたひたと迫ってきたのです。

もう一つ、忘れられない出来事がありました。釣りから帰ってこられたお父様がご自分の部屋に戻られるとき、そのぐったりとお疲れになった後ろ姿があまりにも切なく感じられたのです。そのときのお父様のスケジュールはと言えば、朝9時から午後1時ごろまでみ言を語られ、昼は厳しい自然の中で釣り、夜はまた9時から深夜1～2時、遅いときは朝の3～4時まで語り続けられていたのです。

ここまで日本の姉妹たちに投入されるお父様のお姿と、今、目の前の廊下を肩を落とし、両手を下にブランブランさせながら歩いて行かれるお父様のお姿が重なって、涙があふれてきました。そして、「お父様、もうこれ以上愛してくださらなくてもいいです。もうお休みください」と心の中で叫んでいたのです。

わずかな間でしたが、お父様の生活に触れる機会を与えられ、その一つひとつが親の愛であることを実感し、私の生きる基準となりました。一日も早くお休みしていただけるよう、頑張りたいと心から思っています。

（ただ・としお）

「祈れば良くなるんだよ」

吉岡章代

1978年の1610双のマッチングが埼玉県神川町であった2か月前のことです。

学生のメンバーたちが、夏休み40日開拓伝道に出かけていたときで、私はその学生たちのお世話をしていました。

そのとき、出産してまだ数か月しかたっていなかったせいか、体が不調で、胸がむかむかすると思うや否や吐いてしまったのです。胃が悪いのではないかと思い、病院に行って胃の検査を受けました。そして次の日、目が真っ黄色になったので再度診察を受けると、急性肝炎と診断されました。そのまま即、入院となって点滴を打ち、医者からは絶対安静と言われたのです。

そんな状態のときに、真のお父様（文鮮明先生）が出来たばかりの一心病院に視察に来られたのです。お父様は院内を巡回され、私たちが入院している部屋に入って来られました。お父様に随行されていた小山田秀生先生が、「どうしてこんな所にいるの？」と聞かれたので、「実は、急性肝炎で入院しています」と答えると、真のお父様が私の肩に手をかけられて「病気は祈れば良くなるんだよ」とおっしゃったのです。

私は、それまでなかなか容態が良くならないので、少し焦りの思いがありました。特に、肝炎は簡単に治るものではないと知っていたので、不安を持っていました。慢性肝炎、肝硬変になって、最後は肝がんになって死んでしまうケースがあるからです。

このお父様との出会いは、病人がイエス様の衣に触れるだけで病気が治ったという聖書の場面を思い起こさせました。

私はそのみ言で、病気は必ず治るものなのだと安堵感を覚え、毎日神様を慰めるお祈りを熱心にするようにしました。すると心が慰労され、平安に満たされるようになったのです。そして体調が徐々に良くなり、結局、2か月半で退院することができたのです。

（よしおか・ふみよ）

20年ぶりの孝行

五十嵐 信博

1974年12月、真の父母様（文鮮明先生ご夫妻）がその年の4度目の来日をされました。そのとき東京の教会の青年部長をしていた私は思いもかけず、ご父母様の警備という責任分担を頂きました。

ご父母様はそのときも超過密スケジュールをこなされ、私は警備をしているというより、ただ必死について回っているという感じでした。幸い事故もなく全日程が終わりました。最終日の午後、ご父母様はスタッフを集め、慰労してくださいました。そこには43双の先輩家庭も多くおられました。

お父様は先輩家庭の一家庭一家庭に親しく声をかけられ、夫婦仲や子供たちのことなどを尋ねられました。時には励まし、また時には冗談を言って笑わせたりされました。そこにはまさに親がわが子を心から愛し、心配し、孫のことを気にかける姿があったのです。それまで公的に立ってみ言を語られる威厳に満ちたお父様の姿に何度か接しましたが、その日のお父様は全く違った姿でした。お父様がこんなにも一人ひとり、一家庭一家庭を愛され、心配しておられることを初めて知ったのです。

お父様から直接声をかけられたわけではないのですが、そのようなお父様の愛に触れ、私はお父様の懐にかき抱かれているような感じがしました。そこに集まったメンバー一人ひとりも、お父様の愛に酔いしれているようでした。そのとき、私はこれが天国の姿なんだ、天国では、このような世界が永遠に続くんだと実感し、とても希望を持ちました。

お父様もその場をとても喜ばれ、だれかに歌を歌うように言われました。ところが、立って歌う人はいませんでした。お父様は2度3度、歌うように言われましたが、やはりだれもいませんでした。何かとても緊張した空気が流れました。

元来、人前で歌うことはとても苦手な私でしたが、何とかお父様をお喜ばせしたいと思い、立ち上がって歌おうとしたのです。ところが「はい」という一声が出せなかったのです。

その場は、私にとってとても貴重な場となったのですが、同時にお父様をお喜ばせできなかったという後悔の場ともなったのです。

それから20年が過ぎ、93年9月、真のお母様が全国を巡回講演されました。私は還故郷して新潟県の長岡市で教会長をしていましたが、お母様が新潟にも来られることになりました。そして講演会直後に祝勝会があり、メンバーが歌う機会があるかもしれないということを聞き、ひそかに準備をしました。

講演会は大成功で、直後に祝勝会が行われました。その場で偶然にも私が歌うよう指名されたのです。一瞬たじろぎましたが、今度こそはと歌わせていただきました。歌は韓国の「カゴパ」でした。

お母様は目を閉じて聞いておられました。私の声は国際電話で中継され、アラスカにおられるお父様の耳にも入りました。後でアラスカの修練会に参加し

デンマーク・コペンハーゲンで真のお母様を囲んで
（左奥から２人目が筆者）

お父様がこんなにも一人ひとり、
一家庭一家庭を愛され、
心配しておられるということを
初めて知ったのです。

ていた教会員から、お父様もとても喜んでおられたと聞きました。
小さなことでしたが、20年前になせなかったことができ、私もうれしくなりました。歌った後でお母様が握手をしてくださり、それもうれしい思い出になりました。いつの日にかまた、もっと大きな親孝行ができるようにと、み言の実践に努めています。

（いがらし・のぶひろ）

子供にお小遣いを下さる

鶴谷　稔

真のお父様（文鮮明先生）とはこれまでにも幾度か出会いがありました。

２０００年９月26日、三時代大転換四位基台入籍統一祝福式の後にみ言を語られたときの真のお父様との出会いでは、お父様が家族全員を呼ばれ、子供たちにお小遣いを下さいました。

その日、私たちの家族は祝福式を終え、着替えて真の父母様のみ言を受けるために大聖殿に集まっていました。

私の妻は、この祝福式に先立って行われた第２次入籍のための特別21日修練会に参加したとき、体調を崩し、肺炎を起こして病院に入院しました。

ところが、その間に真の父母様が清平に来られ、修練会でみ言を語られたのでした。修練会に参加して真のお父様にお会いしたいと強く願っていたのですが、とうとうお父様にお会いすることができなかったのです。

今度こそお父様にお会いしたいという一心だったのでしょう、妻はお父様が来られる直前、それまで座っていた席を立ち、前のほうの席を見つけて座ったのです。そこは「アボジロード」から2列目のところでした。

間もなくお父様が入場され、み言を語り始められました。真のお父様は、まさに私の妻のすぐそばHおでみ言を語られたのです。そしてすぐに、私の妻の真っ白な白髪の頭を見つけて、話しかけられました。「夫はどこにいるのか」。

妻は「後の方です」と指を指して答えました。

「なぜ後ろの方にいるのか。夫を呼んできなさい」。そう言われて妻は、あわてて私に向かって手招きしました。

私はすぐに妻のそばに行き、お父様にごあいさつしました。すると、「いい男ではないか。子供はどこにいる。呼んできなさい」とおっしゃるのです。ごあいさつさせていただいただけでも申し訳なく思っていた私は、もう頭の中が

三時代大転換四位基台入籍統一祝福式の後、み言を語られるお父様。左端、中腰の男性が筆者

「お小遣い、あげなくちゃね」とほほえまれ、
ポケットに手を入れられたのです。
ところが、お財布をお持ちではないようでした。
「あったらあげるのに…」と残念そうでした。

真っ白になりました。そして急いで子供を呼びに行きました。

子供たちは、朝早くからの行事に疲れた様子だったので、会場の外で休ませていたのです。それで急いで呼びに行きましたが、5分ほどもかかってしまいました。

子供を連れて再び戻ったとき、お父様はもう別の話をしておられました。そのままお話をしていただきたいと思いましたが、妻はみ言を語られるお父様に手を挙げて「お父様、子供が来ました」とご報告したのです。

私は申し訳なくて心臓が破裂しそうでした。ところが、お父様は「来たか！」と振り向かれ、「子供、立ってみよ」と言われました。「長男と次男です」と紹介すると、「お小遣い、あげなくっちゃね」とほほえまれ、ポケットに手を入れられたのです。ところが、お財布をお持ちではないようでした。「きょう、ないや。あったらあげるのだが…」と残念そうでした。「喜ぶだろうに…」とポツリとつぶやかれ、「あとから責任者からもらいなさい」と話されたのでした。

その後、一部始終を見ていた私の上司から、子供たちは2万ウォンずつお小遣いをもらいました。子供たちは今でも「真のお父様から頂いたお金」として宝物のように大切にしています。

（つるがい・みのる）

私の出会った文鮮明先生

―忘れられない真の愛―

2004年 6月15日　初版発行
2017年12月15日　第2版発行

編　集　「中和新聞」編集部
発　行　株式会社　光言社
〒150-0042　東京都渋谷区宇田川町37-18
電話 03（3467）3105
https://www.kogensha.jp
印　刷　日本ハイコム株式会社

ISBN978-4-87656-429-3